Kreative Kratzkunst
WELTRAUM

CARLSEN

Los geht's!

Auf ins Weltall! Dieses kreative Set enthält zehn Kratztafeln, einen Kratzstift und galaktisch gute Bastel- und Dekoideen. Du kannst sofort loslegen: Bereit machen zum Abflug!

Du kannst mit dem spitzen oder dem runden Ende kratzen.

Für dicke Striche benutzt du das runde Ende.

Schraffiere für einen 3-D-Effekt.

Entwirf tolle Motive aus Linien und Kreisen.

Laminierstation

Dein fertiges Kunstwerk kannst du laminieren, um es zu schützen. Laminiergeräte gibt es im Copyshop oder vielleicht in deiner Schule. Ist dein Werk laminiert, eignet es sich sogar als coole Schreibtischunterlage!

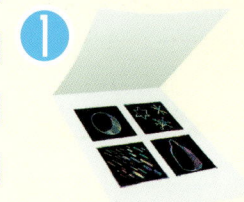

1 Lege das zu laminierende Bild in eine Folientasche.

2 Lege die Folientasche in ein Laminiergerät.

3 Schneide das laminierte Bild in die gewünschten Teile.

Denk nach!

Überlege dir zuerst, wie viel Platz du brauchst. Für mehrere Kunstwerke kannst du deine Tafeln auch zurechtschneiden.

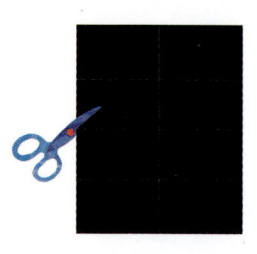

Sei kreativ!

Experimentiere mit verschiedenen Kratzwerkzeugen. Eine Plastikgabel macht zum Beispiel sehr interessante Muster.

Mein Mini-Alien

Besuch von der Milchstraße: Bastle einen lustigen Außerirdischen zum Aufstellen! Du kannst ihn auch als Spielfigur benutzen.

1 Kratze zunächst den Umriss des Aliens.

2 Zeichne Gesicht, Kleidung und Krater dazu.

3 Male mehr Details sowie Planeten und Sterne!

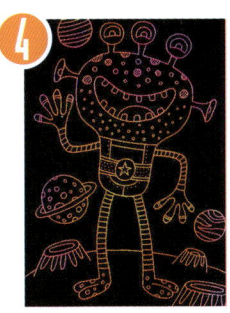

4 Zaubere dem Alien ein Lächeln ins Gesicht …

5 … und bringe die Sterne zum Leuchten! Kratze dafür größere Flächen frei.

6 Klebe den Alien auf eine bunt bemalte Papprolle. Tipp: Schmücke sie mit Sternen und Planeten!

Planeten-Mobile

Zeichne viele bunte Planeten und lass sie durch dein Zimmer fliegen! Du brauchst dazu nur einen Faden und Klebeband.

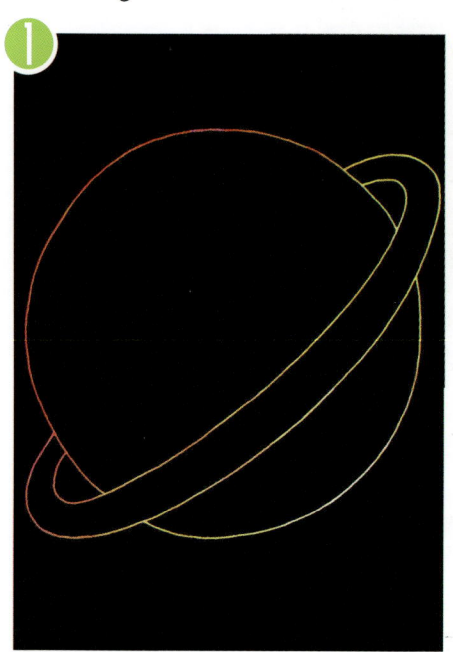

1 Kratze den Umriss des Planeten auf deine Kratztafel.

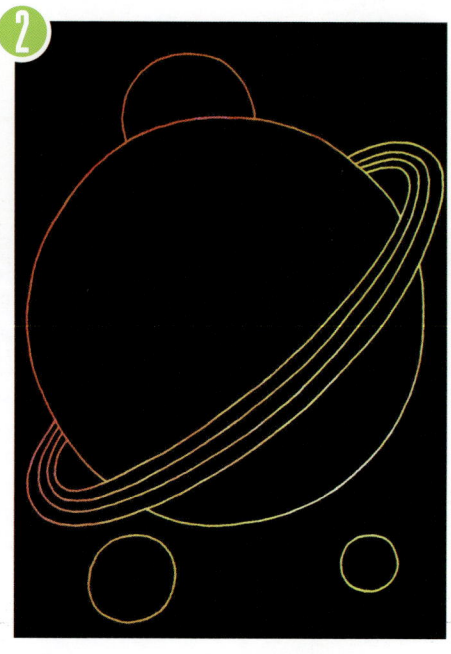

2 Male die Ringe aus und weitere Planeten in den Hintergrund.

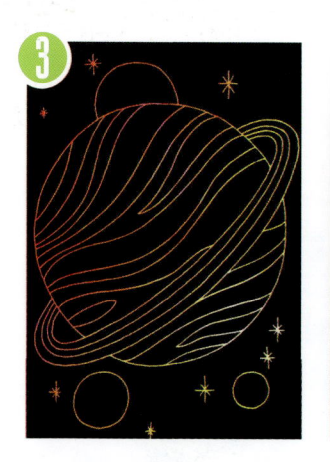

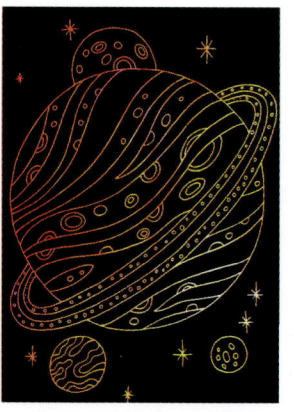

3 Verziere das Bild mit Linien und Mustern.

4 Zeichne strahlende Sterne ...

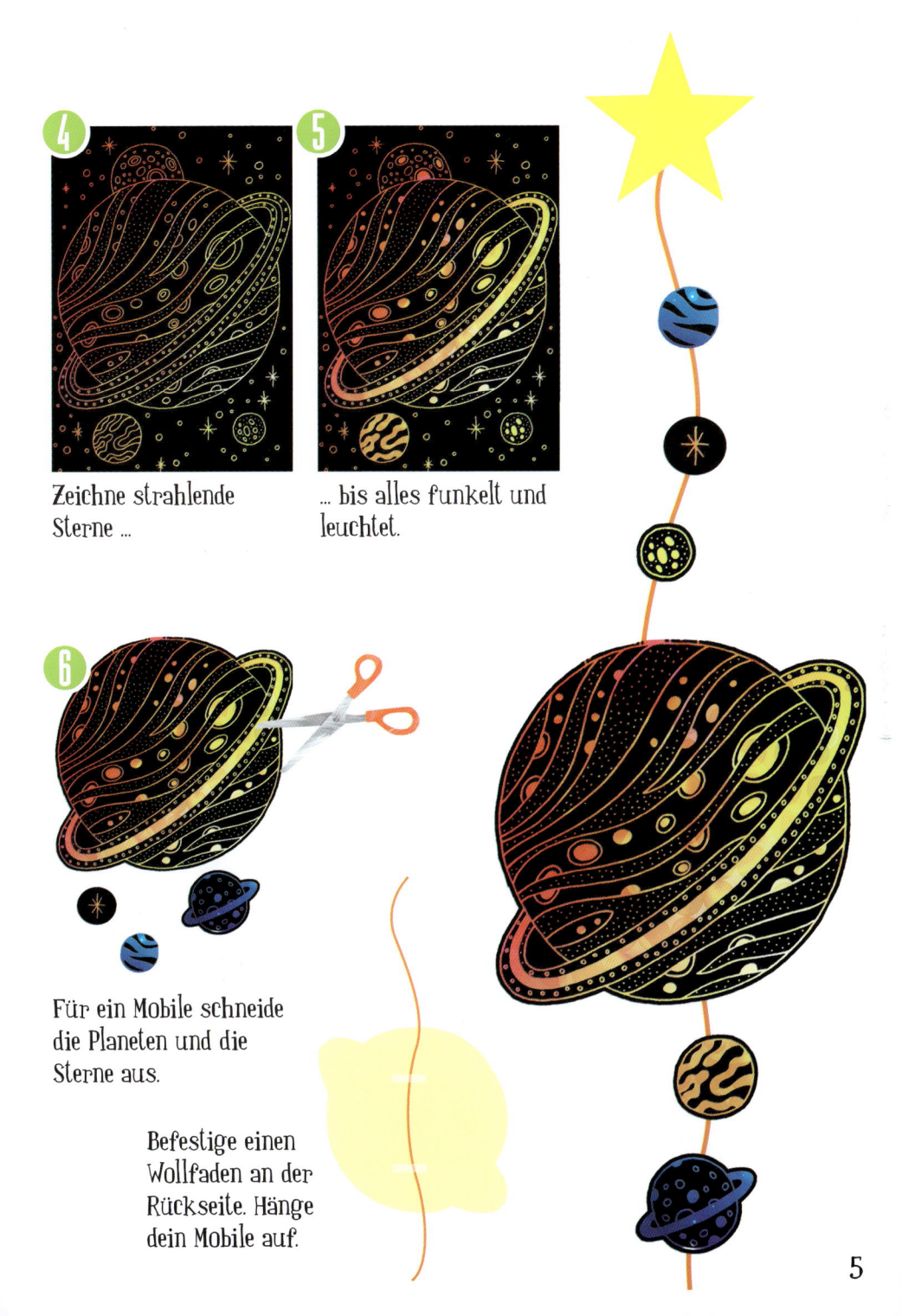

5 ... bis alles funkelt und leuchtet.

6 Für ein Mobile schneide die Planeten und die Sterne aus.

Befestige einen Wollfaden an der Rückseite. Hänge dein Mobile auf.

Grüße aus dem Weltall

Gestalte eine coole Grußkarte!
Wer bekommt eine kosmische Nachricht von dir?

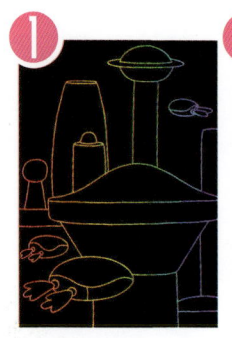

1 Kratze eine Weltraumstadt.

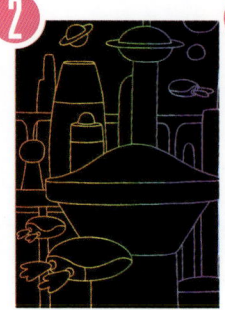

2 Male viele Hochhäuser ...

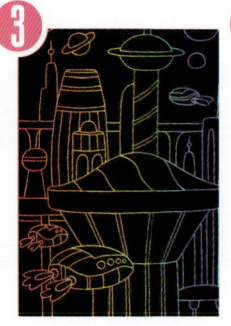

3 ... sowie Planeten und Raumschiffe.

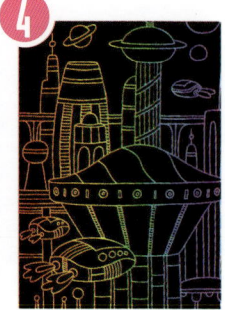

4 Dekoriere die Stadt mit vielen Mustern.

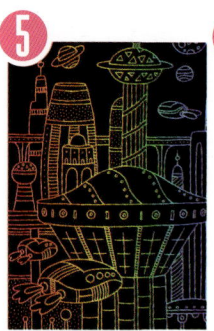

5 Was gibt es noch zu entdecken?

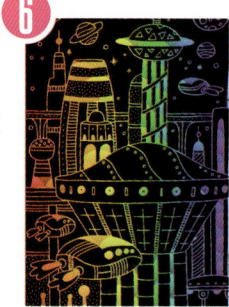

6 Bringe Fenster und Muster zum Leuchten!

Schreibe deine Nachricht hinein!

Falte farbiges Papier in der Mitte.
Klebe das Bild auf. Fertig!

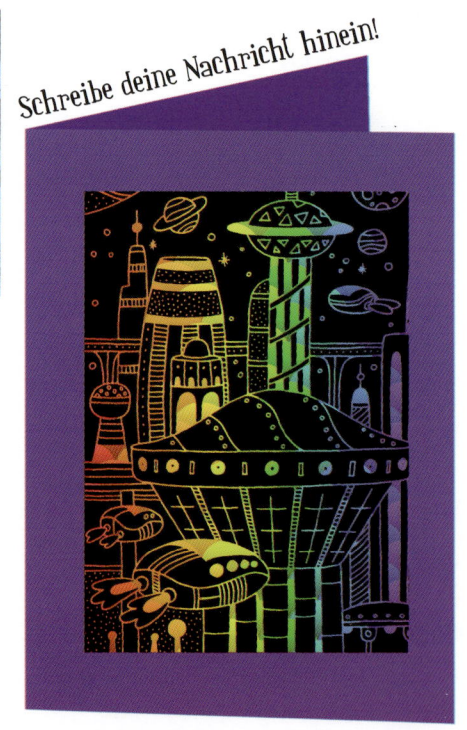

Bunter Sammelordner

Chaos ade! Verschönere einen langweiligen Sammelordner:
Klebe eine fliegende Raumstation auf!

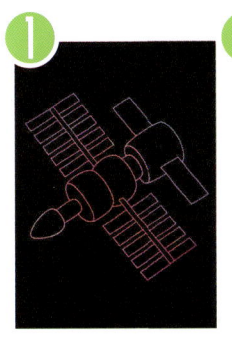

1 Zeichne zuerst die Raumstation.

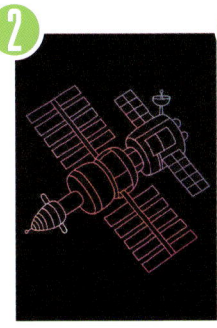

2 Kratze Muster und Details dazu.

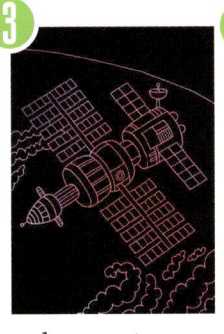

3 Male zuerst die Erde ...

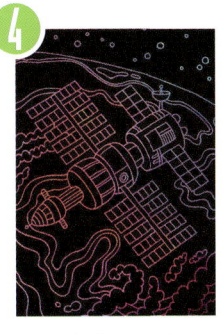

4 ... und dann Sterne in den Hintergrund.

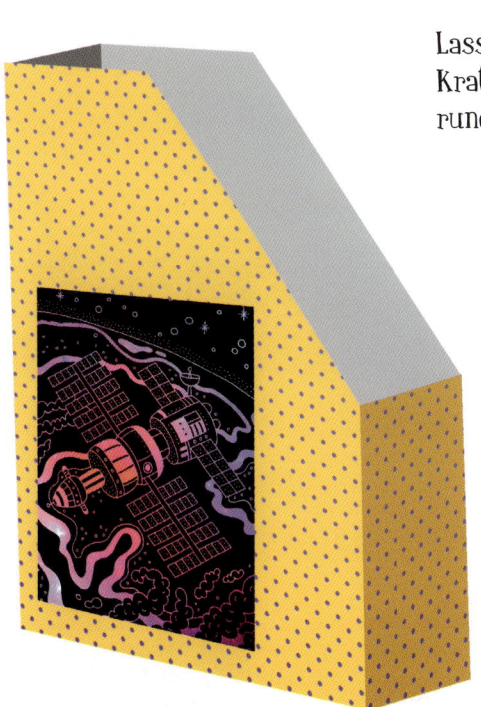

5 Lass dein Bild funkeln: Kratze auch mit dem runden Stiftende.

Aus einer Müslischachtel wird ein toller Sammelordner!

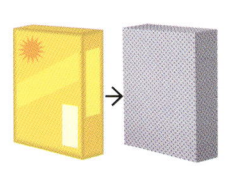

Schneide eine Ecke weg. Beklebe die Schachtel mit Papier, dann mit deinem Kratzbild. Echt schick, oder?

Funkelnder Wochenplaner

Was hast du diese Woche vor?
Trage es in diesen leuchtend bunten Alien-Kalender ein.

1 Kratze zwei fliegende Untertassen mit Aliens.

2 Male ihnen Gesichter. Zeichne Planeten ...

3 ... sowie Sterne und leuchtende Muster in den Hintergrund.

4 Füge Lichter, Knöpfe und Hebel hinzu.

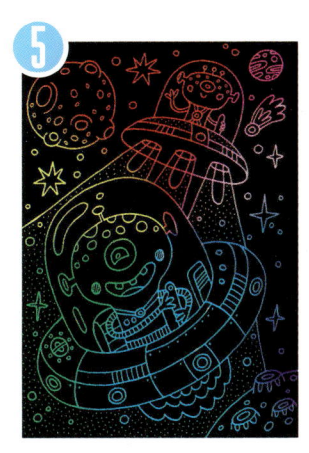

5 Verziere dein Bild so, wie es dir gefällt!

6 Kratze auch mit dem runden Stiftende.

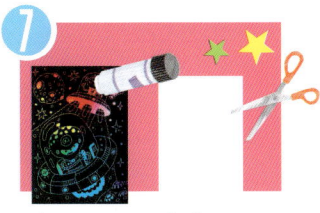

7 Klebe dein Bild links auf ein farbiges DIN-A3-Papier. Rechts befestigst du ein leeres Blatt Papier.

Zum Aufhängen klebe einen Faden auf die Rückseite.

Schreibe deine Termine auf!

Hänge in der nächsten Woche ein neues Kalenderblatt auf!

Montag: Lernen

Dienstag: Aufräumen

Mittwoch: Schwimmen

Donnerstag: Frei!

Freitag: Star-Wars-Abend

Astronauten-Lesezeichen

Zeichne eine Rakete und einen Astronauten: Wirst du ein schönes Bild malen oder ein tolles Lesezeichen ausschneiden?

1 Male erst den Umriss des Astronauten.

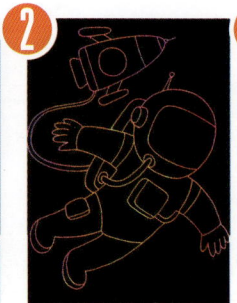

2 Verbinde ihn mit einer Rakete.

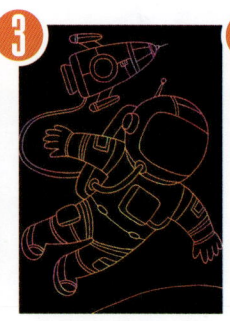

3 Kratze dicke und dünne Linien.

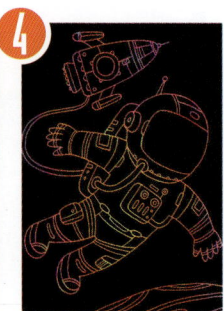

4 Fülle die Rakete mit Mustern.

5 Hänge dein Bild auf ...

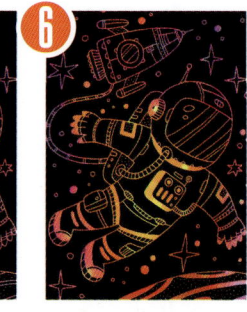

6 ... oder schneide ein Lesezeichen aus!

Guten Flug!

Sternen-Tagebuch

Geheim! In dieses glitzernde Logbuch kannst du all deine Erlebnisse und Weltraum-Abenteuer schreiben.

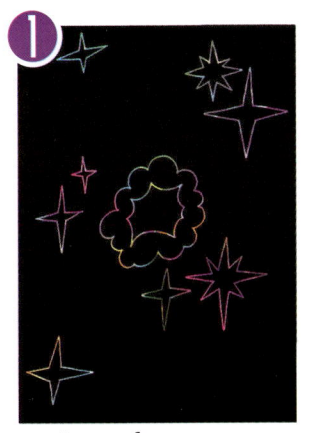

1 Kratze viele verschiedene Sterne.

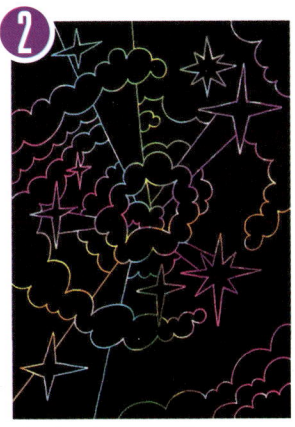

2 Verbinde sie mit Wolken.

3 Zeichne Sonnenstrahlen.

4 Bringe das Weltall zum Strahlen! Fertig? Dann klebe das Bild auf dein Tagebuch. Dekoriere es mit Sternen.

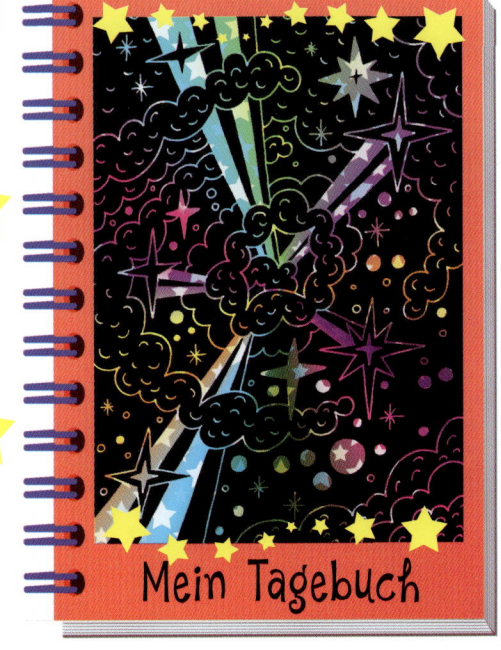

Mein Tagebuch

Raketen-Spaß!

Alles startklar? Bastle dir deine eigene Rakete und fliege mit ihr durch Zeit und Raum!

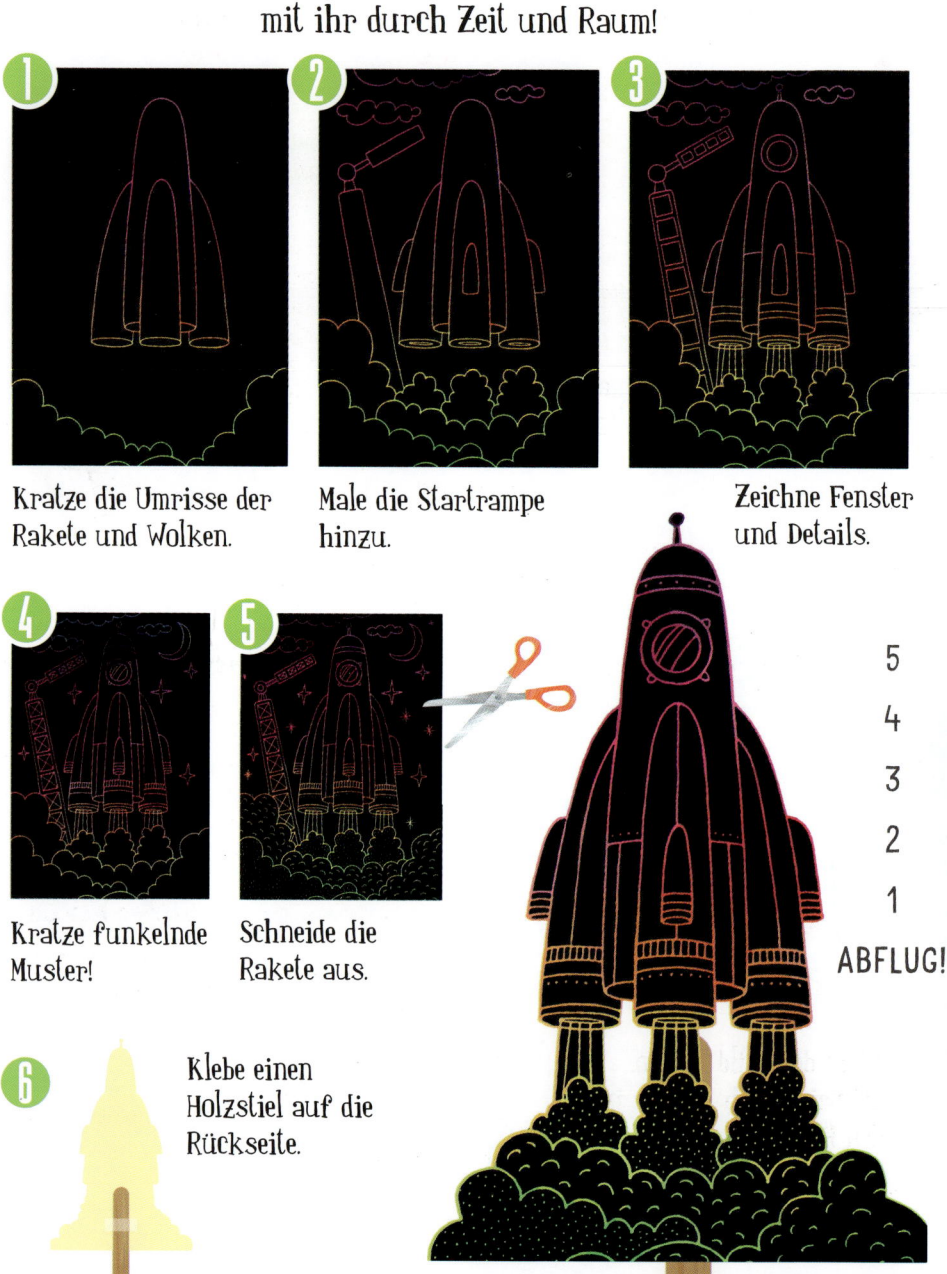

1 Kratze die Umrisse der Rakete und Wolken.

2 Male die Startrampe hinzu.

3 Zeichne Fenster und Details.

4 Kratze funkelnde Muster!

5 Schneide die Rakete aus.

6 Klebe einen Holzstiel auf die Rückseite.

5
4
3
2
1
ABFLUG!

Cooles Cockpit

Mit diesem coolen Cockpit wirst du zum Raumschiffkapitän!
Du brauchst dazu einen großen Pappkarton.

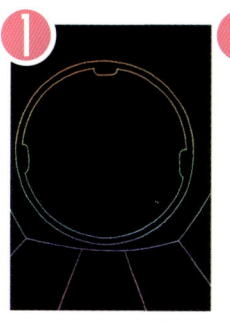

1 Kratze ein Fenster.

2 Nun zeichne die Schaltzentrale.

3 Male viele Schalter und Knöpfe!

4 Füge fremde Planeten und Sterne hinzu.

5 Kratze leuchtende Flächen frei!

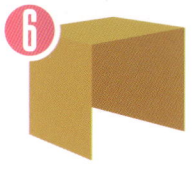

6 Ein großer Karton ist dein Cockpit. Male ihn an.

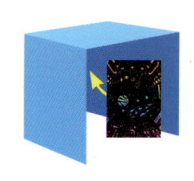

Schneide eine Seite des Kartons weg.

7 Klebe dein Bild hinein. Schneide auch Knöpfe in den Karton!

Marsmobil

Zeichne ein verrücktes Marsmobil und stelle dein Bild im Zimmer auf. Wo bekommt es einen Ehrenplatz?

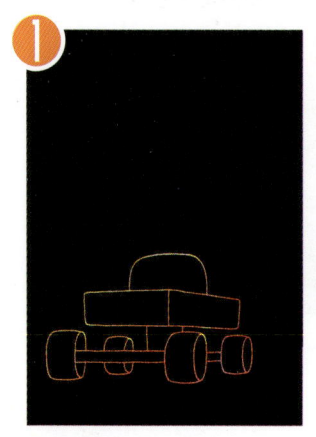

1 Kratze zuerst den Umriss.

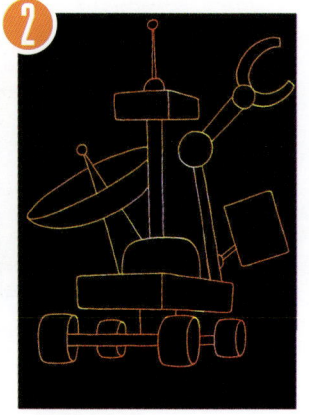

2 Male dem Mobil Satelliten und Kräne.

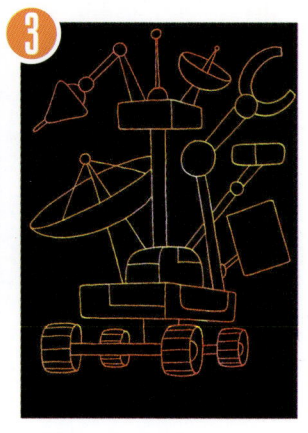

3 Fallen dir noch andere Werkzeuge ein?

4 Zeichne eine steinige Marsoberfläche. Gib den Reifen Profil.

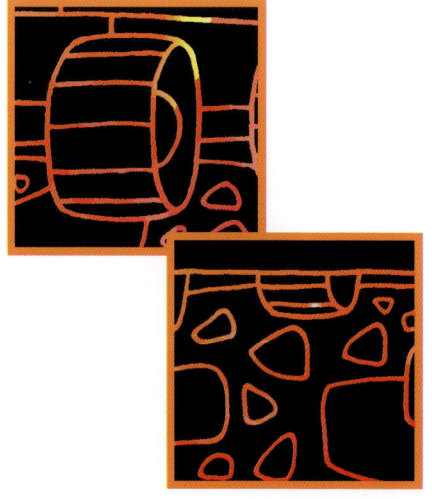

5 Male strahlende Sterne und Planeten!

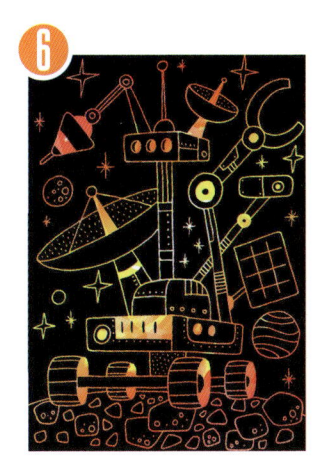

6 Verziere das Mobil so bunt, wie es dir gefällt!

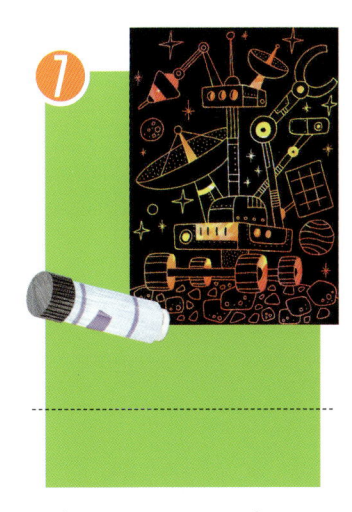

7 Klebe es auf Bastelkarton, etwas größer als dein Bild.

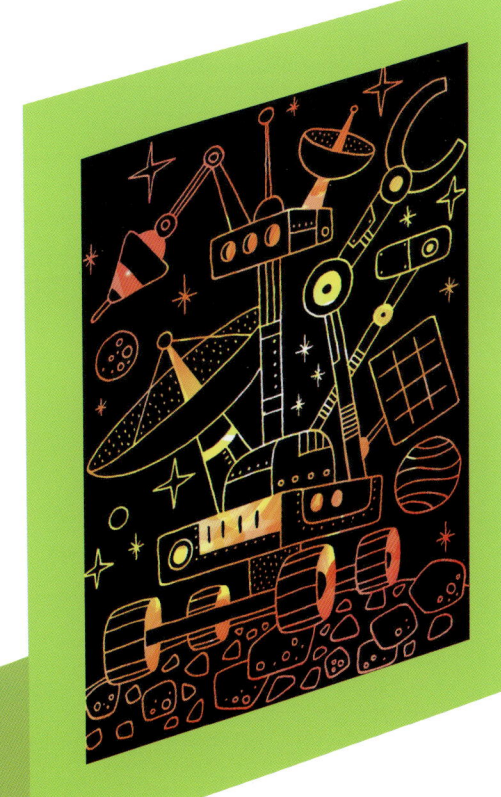

Knicke den unteren Teil um: Dein Bild kann stehen!

Sieht super aus!

15

Mach eigenes Kratzpapier!

Keine Kratztafeln mehr übrig? Mit diesen einfachen Schritten kannst du dein eigenes Papier herstellen.

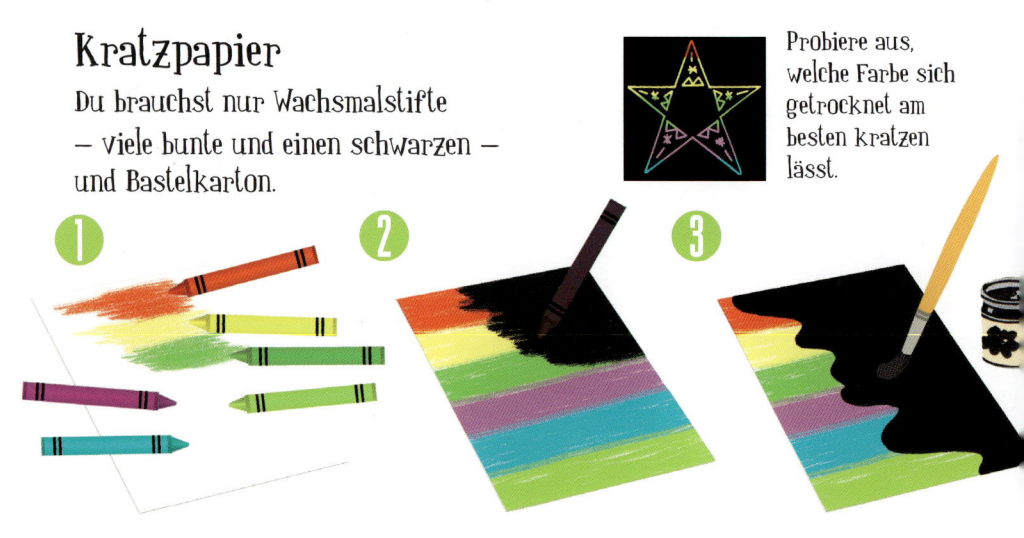

Kratzpapier

Du brauchst nur Wachsmalstifte – viele bunte und einen schwarzen – und Bastelkarton.

Probiere aus, welche Farbe sich getrocknet am besten kratzen lässt.

① Bemale den Bastelkarton, wie es dir gefällt.

② Übermale die Muster jetzt komplett mit dem schwarzen Wachsmaler.

③ Oder du verwendest schwarze Wasserfarbe.

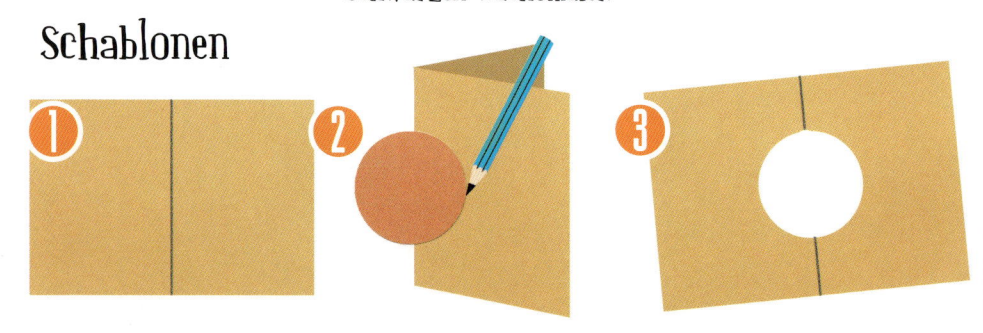

Schablonen

① Schablonen eignen sich für viele Kratzbilder. Um gleichmäßige Formen zu zaubern, falte einfach ein Blatt in der Mitte.

② Zeichne jetzt eine Form deiner Wahl an die Stelle, an der du das Blatt geknickt hast.

③ Schneide die Form aus und öffne das Blatt. Fertig ist deine Schablone! Welche Ideen hast du noch?